BEI GRIN MACHT SICH IHR WISSEN BEZAHLT

- Wir veröffentlichen Ihre Hausarbeit, Bachelor- und Masterarbeit

- Ihr eigenes eBook und Buch - weltweit in allen wichtigen Shops

- Verdienen Sie an jedem Verkauf

Jetzt bei www.GRIN.com hochladen und kostenlos publizieren

Reflexive Koedukation. Geschlechtsspezifische Unterschiede zwischen Jungen und Mädchen

Julia Hahn

Bibliografische Information der Deutschen Nationalbibliothek:

Die Deutsche Nationalbibliothek verzeichnet diese Publikation in der
Deutschen Nationalbibliografie; detaillierte bibliografische Daten sind
im Internet über http://dnb.d-nb.de abrufbar.

ISBN: 9783346574152
Dieses Buch ist auch als E-Book erhältlich.

© GRIN Publishing GmbH
Nymphenburger Straße 86
80636 München

Alle Rechte vorbehalten

Druck und Bindung: Books on Demand GmbH, Norderstedt Germany
Gedruckt auf säurefreiem Papier aus verantwortungsvollen Quellen

Das vorliegende Werk wurde sorgfältig erarbeitet. Dennoch
übernehmen Autoren und Verlag für die Richtigkeit von Angaben,
Hinweisen, Links und Ratschlägen sowie eventuelle Druckfehler keine
Haftung.

Das Buch bei GRIN: https://www.grin.com/document/1165681

Hausarbeit zum Thema

Reflexive Koedukation

im Rahmen des Seminars
Gender und Bildung

erstellt von Julia Hahn

Inhaltsverzeichnis

Einleitung

Die Debatte über Monoedukation vs. Koedukation bleibt weiterhin aktuell. Monoedukativer Unterricht war bis in die 1960er Jahre vorherrschend. Im Anschluss an die Koedukationsdebatte entstanden immer mehr koedukative Schulen, die die Gleichberechtigung und Chancengleichheit für Mädchen gewährleisten sollten. Dies wurde in den 1980er Jahren wiederum kritisiert, da es zur Benachteiligung von Mädchen im Schulalltag führe. In den letzten Jahren erweiterte sich die Debatte um die Perspektive der Jungen, die, was den schulischen Bildungserfolg angeht, hinter den Mädchen zurückblieben. Da die traditionelle Geschlechterhierarchie dazu führt, dass beide Geschlechter als Bildungsverlierer dastehen, wurde das Modell der reflexiven Koedukation entwickelt.

Daher soll die Hausarbeit die Fragen untersuchen worin geschlechtsspezifische Unterschiede zwischen Jungen und Mädchen liegen und wie reflexive Koedukation zu mehr Chancengleichheit an Schulen beitragen kann?

Um ein angemessenes Verständnis der Thematik zu gewährleisten sollen zunächst die historischen Entwicklungen der Koedukation skizziert werden. Anschließend sollen geschlechtsbezogene Unterschiede analysiert werden. Darauf aufbauend wird das Konzept der reflektiven Koedukation vorgestellt und die sich daraus ergebenden Konsequenzen für die didaktische Umsetzung beschrieben. Abschließend folgt ein kurzes Fazit.

Historischer Überblick

Die Entwicklung des Bildungssystems verdeutlicht die Bedeutsamkeit von Geschlecht. Das katholische Arbeitsmädchen vom Land galt lange Zeit als Inbegriff für Bildungsungleichheiten.[1]

1839 wurde die allgemeine Volksschulpflicht eingeführt. Um diesen Pflichtunterricht flächendeckend für alle Kinder unter zwölf Jahren verwirklichen zu können, wurde Koedukation teilweise zugelassen, da die Einrichtungen und Ausstattungen monoedukativen Unterricht nicht zuließen. Dabei scheint es eher so gewesen zu sein, dass die Mädchen und Jungen zwar zusammen im Unterricht saßen, jedoch nicht gleich erzogen wurden.[2] Die weibliche Bildung wurde als Erziehung für den Mann

---

[1] Vgl. Faulstich-Wieland 2005, S. 1
[2] Vgl. Faulstich-Wieland 1991, zitiert nach Matza 2008, S. 27

1

verstanden und diente der Vorbereitung als Gattin, Hausfrau und Mutter. An eine höhere Bildung, die über die Volksschulbildung hinausging, war damals noch nicht zu denken. Die bürgerliche Frauenbewegung wurde 1865 gegründet und begann organisiert zu wirken. Forderungen nach einer verbesserten Bildung für Frauen wurden erst ab 1872 gestellt. Die ersten Erfolge ließen sich um das Jahr 1908 verzeichnen. Frauen die Zulassung zum Universitätsstudium und höhere Mädchenschulen die Anerkennung als höhere Lehranstalten. Die bürgerliche Frauenbewegung forderte darüber hinaus unabhängig vom Geschlecht einen gleichen Zugang zum Bildungssystem. Die bundeseinheitliche Koedukation etablierte sich jedoch erst 52 Jahre darauf, im Jahr 1965.[3] Ziele waren außerdem das Recht auf Bildung, Freiheit der Berufswahl und Mitbestimmung. Um die damalige Unterordnung zum Mann zu verringern, war eine Verbesserung der Bildung für Frauen erforderlich. Diese sollte gewährleistet werden, indem Mädchen ihre Unterrichtung ausschließlich durch Frauen erhielten, um zu gewährleisten, dass die Ziele ernstgenommen und umgesetzt würden. Daher forderte die Frauenbewegung die Lehrerinnenbildung. Dazu mussten sie zunächst zum Universitätsstudium zugelassen werden, wobei sie zunächst auf Widerstand stießen.[4] Im Zuge der Industrialisierung entstand ein veränderter Arbeitsmarkt, wodurch Frauen sich zum Teil selbst versorgen mussten. Der allgemeine Konsens für die Argumentation, wonach Frauen grundsätzlich die intellektuellen Fähigkeiten fehlen, um dem Bildungsangebot folgen zu können, wurde immer geringer. Eine Petition für eine größere Beteiligung am wissenschaftlichen Unterricht wurde 1887 an das Preußische Abgeordnetenhaus eingereicht.[5] Ökonomische Veränderungen bedingten schließlich, dass immer mehr Frauen auf ein eigenes Einkommen angewiesen waren und damit einhergehend das Interesse am Lehrerinnenberuf stieg. Schließlich konnten sie nach dem Besuch einer höheren Mädchenschule Lehrerinnenseminare besuchen. Jedoch waren ihre Möglichkeiten zu unterrichten sehr begrenzt und sie erhielten für ihre Arbeit nur zwei-drittel des Lohns den Männer bekamen. Zudem bestand für sie ein Heiratsverbot und sie hatten keinerlei Ansprüche auf eine Pension.[6] Durch die Fortbildungskurse und Stellenvermittlung des 1890 gegründeten Allgemeinen Deutschen Lehrerinnenvereins verbesserte sich die Frauenbildung. Bereits drei Jahre später konnten Frauen in Göttingen und Berlin

---

[3] Vgl. Matza 2008, S. 27 ff.
[4] Vgl. Matza 2008, S. 33 f.
[5] Vgl. Matza 2008, S. 36
[6] Vgl. Matza 2008, S. 38 f.

Universitätsvorlesungen besuchen, sofern dies ministriell genehmigt worden war. Im selben Jahr wurde zudem das erste Mädchengymnasium eröffnet. Ab dem Jahr 1894 zeichneten sich erste Erfolge der Reformbewegung in Form von der Verbesserung der Lehrerinnenausbildung ab und führten dazu, dass 1902 die das Gehalt und die Pension betreffenden gesetzlichen Regelungen angepasst wurden. Als abgeschlossen galt die Frage der allgemeinen Zulassung von Frauen an Universitäten im Jahr 1908. Die Verankerung der beamtenrechtlichen Gleichstellung im Lehrberuf folgte 1919/20. Trotz der formalen Gleichstellung der Mädchengymnasien mit den Jungengymnasien, wurden weniger Bildungsmittel für Mädchengymnasien zur Verfügung gestellt. Diese und weitere Ungleichheiten führten zur Gründung des Vereins für Frauenwohl im Jahr 1900, der bereits ein Jahr nach der Gründung die Einführung der Koedukation forderte. Dieser Forderung wurde, aus materiellen Überlegungen heraus, 1913 durch den Allgemeinen Deutschen Lehrerinnenverein entsprochen.[7] Im Jahr 1955 wurden Leitsätze zur Koedukation veröffentlicht, wonach die vorgeschriebenen Unterrichtsinhalte nach den Grundsätzen der gemeinsamen Erziehung umgesetzt werden sollten. Ergänzend sollten die Lernenden die Möglichkeit haben in geschlechtshomogenen Gruppen zu arbeiten und ihren Interessen nachzugehen. Im Biologieunterricht wurde zeitweise eine getrennte Erziehung gefordert. Der Leibesunterricht sollte grundsätzlich nach Geschlecht getrennt sein. Als Ausgleich wurde die musische Erziehung gesehen, die das Gemeinschaftsleben fördern sollte. Auf der strukturellen Ebene sollten je ein Vertrauenslehrer und eine Vertrauenslehrerin für jede Stufe beauftragt werden. Das Kollegium sollte zahlenmäßig dem Geschlechterverhältnis der Lernenden entsprechen und mindestens eine Oberstudienratsstelle musste mit einer Frau besetzt werden, sofern die Schulleitung von einem Mann besetzt war.[8]

> „Die Form des Unterrichts, die eine gemeinschaftliche Unterweisung von Jungen und Mädchen darstellt, aus Gründen der methodischen Zweckmäßigkeit oder wegen zwingender Verhältnisse, die eine Trennung nicht zulassen, wird als Koinstruktion bezeichnet. Koedukation als Erziehungsprinzip jedoch würde mehr bedeuten: es impliziert eine Allgemeinbildung der als gleichwertig anerkannten Schüler und Schülerinnen, die sich sowohl an gesellschaftlichen als auch individuellen Ansprüchen und Bedürfnissen orientiert. Eine gemeinschaftliche Erziehung beider Geschlechter

---

[7] Vgl. Matza 2008, S. 39 ff.
[8] Vgl. Faulstich-Wieland 1991, zitiert durch Matza 2008, S. 42 f.

müßte [sic!] beide Geschlechter in den Mittelpunkt des Unterrichtsgeschehens stellen. Dies muß [sic!] sich im Lehrplan, im Fächerkanon, in den Unterrichtsmaterialien, in den Interaktionen im Unterricht und in der schulischen Hierarchie ausdrücken."[9]

Zusammenfassend kann festgehalten werden, dass die Koedukationen vor allem ökonomischen Überlegungen geschuldet ist. Das Unterrichtsprinzip der Koinstruktion basiert auf strukturellen Prinzipien. Es vereinheitlicht Unterschiede der Geschlechter und grenzt sie an gesellschaftliche Normen und Werte an. Dies drückt sich in der unterschiedlichen Beurteilung von Lebensbezügen aus. Resultierend daraus ergibt sich ein eher sozialisationsbedingter Umgang mit Unterschieden im Lernverhalten.[10] In den letzten Jahrzehnten haben gesellschaftliche Umbrüche, wie die Auflösung traditioneller Familienstrukturen, der technologische Wandel, sowie wirtschaftliche Veränderungen einen Perspektivwechsel für die Bildungspolitik erfordert. Die tradierten Rollenerwartungen und Lebensmodelle sind anhand des Wandels untauglich geworden.[11]

Geschlechtsspezifische Unterschiede

In sämtlichen Bildungszusammenhängen ist das Geschlecht ein erwiesener Faktor von Ungleichheit. Dabei ergeben sich abhängig vom Bildungsort unterschiedliche Nachteile für Mädchen und Jungen. In den letzten Jahrzehnten entstanden Maßnahmen zur Behebung von genderbetreffenden Ungleichheiten und Problemen für verschiedene Bildungskontexte.[12]

Das Geschlecht wurde lange als eine biologisch gegebene Tatsache angesehen.[13] Die Zuweisung zu einem Geschlecht findet spätestens bei der Geburt anhand der Genitalien statt. Durch diese Zuordnung wird ein identitätsbildender Prozess angestoßen, indem die interaktive Produktion bzw. Reproduktion durch die relevanten Akteure stattfindet.[14] Dementsprechend wurde die Differenzierung der Geschlechter aufgrund der naturwissenschaftlichen Begründung bis ins 19. Jahrhundert als unveränderbar betrachtet.[15] Im Gegensatz dazu wird Geschlecht in der heutigen Zeit nach englischem Vorbild zwischen *Sex* und *Gender* differenziert. *Sex* beschreibt dabei

---

[9] Matza 2008, S. 43
[10] Vgl. Matza 2008, S. 43 f.
[11] Vgl. Tolle 1998, S. 10
[12] Vgl. Budde & Venth 2010, S. 16 f.
[13] Vgl. Budde & Venth 2010, S. 12
[14] Vgl. Herwartz-Emden, Schurt & Waburg 2012, S. 68
[15] Vgl. Wehling 2008, S. 31

die zuvor beschriebene biologische Ausprägung des Geschlechts, wohingegen *Gender* das kulturell und sozial determinierte Geschlecht ausdrückt. Somit wird die Auffassung der natürlichen Grundlage des Geschlechts ergänzt durch die individuelle Ausgestaltung durch kulturelle und soziale Praktiken. In diesem Verständnis hat Geschlecht eine Ausprägung die zugeschrieben, angelernt und daher veränderlich ist. Die Wahrnehmung von Gender ist deshalb für Sozialisations- und Bildungsprozesse sehr bedeutsam.[16]

„Das Geschlecht wird in der empirischen Geschlechterforschung in vielschichtigen theoretischen Bedeutungen und Funktionen aufgefasst, beschrieben und analysiert, nämlich als körperliche Ausstattung, als Basis oder als Element der persönlichen Identität oder des Habitus, als soziale Strukturkategorie, die mit anderen Strukturkategorien wie ethnischer Zugehörigkeit und sozialem Milieu eng verbunden ist, als Erziehungs- und Sozialisationsfaktor, als Teil der symbolischen Ordnung, als Teil der sichtbaren und alltäglichen zweigeschlechtlichen Orientierung, als soziale Konstruktion, die situativ und interaktiv dargestellt werden kann und muss, als performative Inszenierung."[17]

Die Untersuchung von gender-Praktiken eröffnet Einsichten zum sozialen Wandel und der sozialen Reproduktion. Infolgedessen kann die geschlechtsbezogene Zweiteilung abgebaut werden und die Differenzen innerhalb der biologischen Geschlechtergruppen erkennbar werden.[18] Wohingegen die zuvor gängige Suche nach Differenzen zur Reproduktion ebendieser Differenzen führte.[19] Die Einflussfaktoren für Schulleistungen und somit letztendlich für Bildungsverläufe lassen sich nicht vollständig voneinander abgrenzen, da sie ein multidimensionales Wirkungsgeflecht bilden. Ferner wirken sie auf unterschiedlichen Ebenen, wie bei den Lernenden selbst, ihren Eltern, den Lehrenden und der Unterrichtsgestaltung usw. Einige Faktoren, wie die soziale und die kulturelle Herkunft und insbesondere die Geschlechterthematik, wirken auf allen Ebenen und beeinflussen sich wechselseitig.[20] Candace West und Don H. Zimmerman (1987) prägten den Begriff des *doing gender*. Doing gender beschreibt das Phänomen, dass Geschlecht in Interaktionen kontinuierlich hergestellt wird und resultierend als natürliche Gegebenheit erscheinen.

---

[16] Vgl. Budde & Venth 2010, S. 13
[17] Breitenbach 2010, S. 27
[18] Vgl. Faulstich-Wieland 1999, zitiert nach Wehling 2008, S. 33
[19] Vgl. Wehling 2008, S. 33
[20] Vgl. Rendtorff 2011, zitiert nach Herwartz-Emden, Schurt & Waburg 2012, S. 67

Die (eigene) Darstellung des Geschlechts wird erkannt und infolgedessen zugeschrieben. Die Darstellung und Zuschreibung basieren auf kollektivem historischem und kulturellem Wissen über die erwünschten Eigenschaften und Verhaltensweisen. Die Lehrenden wie die Lernenden sind aktiv an doing-gender-Prozessen beteiligt, indem sie die Bedeutung des Geschlechts stärker oder weniger stark fokussieren können.[21] Die interaktive Herstellung von Männlichkeit wird mit dem Begriff doing masculinity bezeichnet. Elemente der hegemonialen Männlichkeit sind beispielsweise Dominanz, Konkurrenz, Risikobereitschaft und die Abgrenzung von Weiblich-Konnotiertem.[22] Inszenieren die Jungen ihre Männlichkeit nicht ausreichend, so müssen sie einen Ausschluss aus der Männergruppe fürchten.[23] Dies kann zu Problemen führen, da die klassische Mädchenrolle sich durch Angepasstheit, Fleiß und prosoziales Verhalten auszeichnet und somit in der Schulkultur dominiert, gleichzeitig jedoch nicht mit der Jungenrolle vereinbar ist und daher teilweise zurückgewiesen werden können.[24] Neben der Aneignung von Fachwissen, ist auch soziales Lernen in der Schule üblich. Das zentrale Medium schulischer Sozialisation sind die Interaktionsprozesse.[25] In Untersuchungen konnte gezeigt werden, dass Erwartungen sich in Verhalten umsetzen. Dementsprechend können auch die Erwartungen einer Lehrperson als selbst erfüllende Prophezeihungen wirken.[26] So können sich die bei Lehrenden und Lernenden nachgewiesenen geschlechterstereotypen Einstellungen ungünstig auf die Selbstkompetenzüberzeugungen und Lernmotivation auswirken.[27] Darüber hinaus ist Verhalten kontextabhängig. Die Gruppenbedingungen, zu denen auch das Geschlechterverhältnis in einer Lerngruppe zählt, beeinflussen das Verhalten. Dies konnte in der Forschung eindrücklich belegt werden. Beispielsweise konnte gezeigt werden, dass Mädchen sich in Computerkursen mit Jungen zurückhaltend und zuarbeitend verhalten und Jungen sich bemühen einer Expertenrolle gerecht zu werden. In einem monoedukativen Rahmen zeigt sich eine größere Rollenvielfalt und auch die Mädchen weisen Dominanzverhalten auf.[28] Ein weiteres Beispiel findet sich

---

[21] Vgl. Herwartz-Emden, Schurt & Waburg 2012, S. 71 f
[22] Vgl. Connell 1999, zitiert nach Herwartz-Emden, Schurt & Waburg 2012, S. 75
[23] Vgl. Budde 2009, zitiert nach Herwartz-Emden, Schurt & Waburg 2012, S. 75
[24] Vgl. Budde 2010a sowie Koch-Priewe et al. 2009, zitiert nach Herwartz-Emden, Schurt & Waburg 2012, S. 75
[25] Vgl. Horstkemper & Tillmann 2008, zitiert nach Herwartz-Emden, Schurt & Waburg 2012, S. 71
[26] Vgl. Staatsinstitut für Schulpädagogik und Bildungsforschung 1996, S. 41
[27] Vgl. Herwartz-Emden, Schurt & Waburg 2012, S. 80
[28] Vgl. Metz-Göckel & Kauermann-Walter 1992, zitiert nach Kreienbaum 1998, S. 21

im Volleyball-Unterricht, in welchem die Mädchen in einer koedukativen Gruppe sich hilflos geben und die Regeln nicht zu beherrschen scheinen. Dieselben Mädchen beweisen in einem monoedukativen Rahmen dass sie die Regeln nicht nur beherrschen, sondern sogar nach den Anforderungen der Gruppe anpassen können. Derartige Studien lassen den Schluss zu, dass unterschiedliche Kontexte in der Schule bereitgestellt werden sollten, in welchen sich die SchülerInnen ausprobieren können.[29] Rollenerwartungen und konkretes Rollenverhalten lassen sich auch in Interaktionen der Lehrenden mit den Lernenden und den Lernenden untereinander beobachten. Interaktionen können dabei verbal oder auch nonverbal erfolgen. Die Erkenntnis, dass Interaktionen sich direkt und indirekt auf das Selbstkonzept und das Leistungsvermögen der Lernenden auswirken, begründet das pädagogische Interesse daran.[30] Die Entwicklung der Geschlechtsidentität in der Schule wird abhängig vom Kontext und dem Alter auf spezifische Weise dynamisiert. In der Grundschulzeit eignen sich die Lernenden geschlechtsbezogenes Wissen an, wozu auch die Konstanz der Geschlechtszugehörigkeit und die Geschlechterstereotype zählen. In der Adoleszenz richtet sich der Fokus auf die eigene geschlechtliche Identität.[31] Schon in den ersten Grundschuljahren können sich geschlechtsbedingte Unterschiede abzeichnen, deren Ausmaß in den Sekundarstufen deutlich zunimmt.[32] In allen drei Kernbereichen (Lesen, Mathematik, Naturwissenschaften) konnte in einer Meta-Analyse zu den Leistungsunterschieden in Grundschulen neben herkunftsbezogenen Unterschieden auch geschlechtsbezogene Unterschiede festgestellt werden.[33] In den IGLU-Studien (2001 und 2006) überragte die Lesekompetenz der Mädchen, die der Jungen signifikant. Die motivationalen Unterschiede sind ebenfalls gravierend. Jungen haben häufiger als Mädchen eine negative Einstellung zum Lesen und sind seltener als Mädchen positiv zum Lesen eingestellt. 20% der Jungen geben an sogar an nie oder so gut wie nie in ihrer Freizeit zu lesen. Bei den Mädchen betrifft dies nur 9%. Das Selbstkonzept und das leistungsbezogene Selbstvertrauen der Geschlechter ist hingegen vergleichbar.[34] Unterschiede lassen sich auch bei den Lernemotionen feststellen. Mädchen zeigen im Vergleich zu Jungen positivere Einstellungen zur

---

[29] Vgl. Kreienbaum 1998, S. 21
[30] Vgl. Staatsinstitut für Schulpädagogik und Bildungsforschung 1996, S. 41
[31] Vgl. Hannover & Kessels, 2011, zitiert nach Herwartz-Emden, Schurt & Waburg 2012, S. 68
[32] Vgl. Aktionsrat Bildung, 2009, zitiert nach Herwartz-Emden, Schurt & Waburg 2012, S. 32
[33] Vgl. Mücke 2009, zitiert nach Herwartz-Emden, Schurt & Waburg 2012, S. 32
[34] Vgl. Hornberg, Valtin, Potthoff & Schwippert, 2007; Valtin, Wagner & Schwippert, 2005, zitiert nach Herwartz-Emden, Schurt & Waburg 2012, S. 32

Schule und mehr Freude im Unterricht. Trotzdem werden sie, vor allem in höheren Klassen, stärker durch Sorgen belastet.[35] Jeder dritte Junge, aber nur jedes fünfte Mädchen hat einen hohen Selbstwert. Um die bei Frauen eingeschränkte Bewältigung des Lebenswegs nach der Schule zu erklären, wird das geringe Selbstwertgefühl als Vorbote gesehen. Geringes Selbstvertrauen kann sich ungünstig auf die Chancen auf dem Arbeitsmarkt, sowie die Stellung im Beruf und folglich auf den Verdienst auswirken.[36] Die Relativierung und Differenzierung der Lernemotionen, die die Geschlechterdifferenzen berücksichtigt, ist folglich ebenfalls von großer Bedeutung für eine zielgerichtete Förderung.[37] Insbesondere sind auch Unterschiede im MINT-Bereich (Mathematik, Informatik, Naturwissenschaften und Technik) schon längst von wissenschaftlichem Interesse. Erklärungsansätze dafür sind die geschlechterstereotypen Interessen, Einstellungen und Verhaltensweisen, sowie das negative Selbstkonzept von Schülerinnen. Auch die geschlechterstereotypen Einstellungen der Lehrenden wirken sich ungünstig aus. Eine positive Identifikation ist aufgrund fehlender weiblicher Vorbilder kaum möglich. Zudem sind die Schulfächer durch weibliche und männliche Konnotationen Vergeschlechtlicht.[38] Im Schnitt machen Mädchen die besseren Abschlüsse und durchlaufen die Schule schneller als die Jungen. Daher könnten günstigere Ausgangsbedingungen beim Übergang in die berufliche Ausbildung gefolgert werden.[39] Allerdings wirkt sich das höhere Bildungspotential der Mädchen verhältnismäßig gering im Erwerbsleben aus.[40] Die Unterschiede in der Motivation und im Leistungsniveau reichen nicht aus, um die beschriebenen geschlechtsbezogenen Unterschiede in vollem Umfang zu erklären, da selbst diejenigen Mädchen nicht-akademische MINT-Berufe, in denen Männer dominieren, meiden, die ein entsprechendes Fähigkeitskonzept und mit Jungen vergleichbare Motivation aufweisen und ausgeprägte naturwissenschaftliche und mathematische Kompetenzen haben. Daraus lässt sich schließen, dass sich gesellschaftliche Geschlechterstereotype auswirken.[41] Im Vergleich mit anderen

---

[35] Vgl. Herwartz-Emden, Schurt & Waburg 2012, S. 63
[36] Vgl. König & Valtin 2011, zitiert nach Herwartz-Emden, Schurt & Waburg 2012, S. 59
[37] Vgl. Herwartz-Emden, Schurt & Waburg 2012, S. 66
[38] Vgl. u.a. Bartosch 2007, 2009; Brandt 2009; Budde 2010b; Jahnke-Klein 2001, 2010; Kiper 2004; Niederdenk-Felgner2001; Queisser 2008, Willems 2007; Ziegler, Schirner, Schimke & Stoeger 2010, zitiert nach Herwartz-Emden, Schurt & Waburg 2012, S. 77
[39] Vgl. Herwartz-Emden, Schurt & Waburg 2012, S. 40
[40] Vgl. Aktionsrat Bildung, 2009; Hannover, 2011, zitiert nach Herwartz-Emden, Schurt & Waburg 2012, S. 45
[41] Vgl. Taskinen, Asseburg & Walter, 2008 und König, Wagner & Valtin 2011, zitiert nach Herwartz-Emden, Schurt & Waburg 2012, S. 40

OECD-Staaten zeigt sich, dass Geschlechterdifferenzen, abgesehen von denen in der Lesekompetenz, anders ausfallen können. Beispielsweise ist das mathematische Leistungsniveau der Mädchen in Schweden besser und im naturwissenschaftlichen Bereich gibt es mehrere Staaten in denen die Mädchen ein höheres Leistungsniveau erreichen. Folglich ist es möglich beiden Geschlechtern gerecht zu werden.[42] Grundsätzlich lassen sich zwei Arten von Einschränkungen der Verwirklichungschancen im Bildungssystem beobachten. Bei den Jungen kann häufig ein Scheitern an den Übergängen ausgemacht werden. Allerdings gilt dies nicht grundsätzlich, sondern insbesondere für Jungen, die aus bildungsfernen Familien, die häufig einen Migrationshintergrund haben, stammen. Die Mädchen erleben eine andere Art der Einschränkung, indem sie geringere Chancen haben ihre höheren Qualifikationen zu verwirklichen.[43] Die Förderung beider Geschlechter durch vielfältige Maßnahmen in der Schule ist vor diesem Hintergrund sehr wichtig. Die Maßnahmen zum Abbau stereotyper Vorstellungen müssen auch die Einflüsse außerhalb des Unterrichts berücksichtigen.[44] Abschließend ist festzuhalten, dass die Differenzen innerhalb der jeweiligen Geschlechtergruppen höher sind, als die Differenzen zwischen den Geschlechtern. Die Übereinstimmungen von Jungen und Mädchen sind demnach größer als die Differenzen. Daher sollte der Fokus nicht übermäßig auf die Unterschiede zwischen den Geschlechtern gelegt werden.[45]

Das Konzept der reflexiven Koedukation

Da zur Zeit der Einführung der Koedukation kein Konzept vorhanden war, dass pädagogisch, didaktisch oder methodisch reflektiert worden war, erlaubte es die Einführung der reflexiven Koedukation Kritik an der bisherigen Umsetzung der Koedukation zu üben.[46] Ziel der reflexiven Koedukation ist es geschlechtsbezogene Benachteiligungen und Vorurteile zu verringern und die Entwicklungsmöglichkeiten von Mädchen und Jungen offenzuhalten.[47] Positive Strategien sollen entwickelt werden, damit das Verhältnis der Geschlechter in der Schule verändert werden kann.[48]

---

[42] Vgl. Herwartz-Emden, Schurt & Waburg 2012, S. 39
[43] Vgl. Gleichstellungsbericht des BMFSFJ 2011 sowie Beicht & Granato, 2011, zitiert nach Herwartz-Emden, Schurt & Waburg 2012, S. 53
[44] Vgl. Herwartz-Emden, Schurt & Waburg 2012, S. 40
[45] Vgl. Herwartz-Emden, Schurt & Waburg 2012, S. 64
[46] Vgl. Kreienbaum & Urbaniak 2006, zitiert nach Wehling 2008, S. 32 f.
[47] Vgl. Kreienbaum 2010 sowie Kreienbaum & Urbaniak 2006, zitiert nach Herwartz-Emden, Schurt & Waburg 2012, S. 92
[48] Vgl. Wehling 2008, S. 46

Ein flexibler Umgang mit den an sie herangetragenen Rollenbildern und Rollenerwartungen soll ihnen ermöglicht werden, sodass sie die Erkenntnis haben, dass sie nicht den Normalitätsvorstellungen gerecht werden müssen, sondern individuelle Entscheidungen treffen und Lebensmuster wählen können. Dafür muss eine Sensibilisierung für solche Erwartungen erfolgen.[49] Die reflexive Koedukation basiert auf der politischen Idee des *Gender Mainstreaming*.[50] Damit ist der politische Auftrag gemeint in allen Institutionen die Chancengleichheit der Geschlechter herzustellen. Da es keine geschlechtsneutrale Wirklichkeit geben kann, soll die Perspektive der Geschlechterverhältnisse *mainstream-mäßig* in alle Entscheidungsprozesse einbezogen werden.[51] Demzufolge sollen Maßnahmen auch in der Schule geschlechtergerecht gestaltet werden und die verschiedenen Interessen und Lebenssituationen berücksichtigen.[52] Alle pädagogischen Maßnahmen sollen daraufhin reflektiert werden, ob bestehende Geschlechterverhältnisse durch sie stabilisiert werden oder ob ein Wandel durch eine Auseinandersetzung mit diesen begünstigt wird.[53] Lange Zeit waren gendersensible Fördermaßnahmen für Jungen oder Mädchen die übliche Vorgehensweise bei geschlechtsbezogenen Benachteiligungen. Die Förderung eines bestimmten Geschlechts kann jedoch dazu führen Stereotype fortzuschreiben.[54] Genderkompetenz stellt eine wichtige Fähigkeit für die Umsetzung reflexiver Koedukation dar. Sie verknüpft die Wissensaneignung, Reflexions- und Transferfähigkeit, die wiederum Wissensvermittlung, Sensibilisierung und Handlungsorientierung ermöglicht.[55] Lehrpersonen mit Genderkompetenz können ihren Unterricht personenorientiert durchführen und somit die Interessen und Fähigkeiten innerhalb der Lerngruppe fördern und bestenfalls die Entwicklung von Genderkompetenz der Lernenden unterstützen.[56] Die Verschiedenheit der Individuen wird, unabhängig von geschlechterstereotypen Vorgaben, anerkannt. Magitta Kunert-Zier (2005) beschreibt die drei Elemente, Wollen, Wissen und Können, als Voraussetzung für Genderkompetenz. Eine genderkompetente Haltung zeichnet sich demzufolge dadurch aus, dass, auf der Basis des Wissens um die Bildungssituation

---

[49] Vgl. Horstkemper/Kraul 1999, zitiert nach Reisenbichler 2012, S. 50
[50] Vgl. Wehling 2008, S. 33
[51] Vgl. Spieß 2008, zitiert nach Herwartz-Emden, Schurt & Waburg 2012, S. 84
[52] Vgl. BMFSFJ 2007, zitiert nach Wehling 2008, S. 33
[53] Vgl. Faulstich-Wieland & Horstkemper, 1996, zitiert nach Herwartz-Emden, Schurt & Waburg 2012, S. 92
[54] Vgl. Herwartz-Emden, Schurt & Waburg 2012, S. 91
[55] Vgl. Bereswill 2009, zitiert nach Herwartz-Emden, Schurt & Waburg 2012, S. 87
[56] Vgl. Horstkemper 2006, zitiert nach Herwartz-Emden, Schurt & Waburg 2012, S. 87

und – bedürfnisse der Geschlechter und den Konstruktcharakter von Geschlecht, eine grundlegende Bereitschaft vorhanden ist sich für die Gleichstellung zu engagieren, damit Geschlechterhierarchien abgebaut werden können. Das Element des Könnens beschreibt tatsächliche Umsetzung mithilfe der eigenen Reflexionsfähigkeit und Praxiskompetenzen.[57] Um eine erfolgreiche Arbeit zu gewährleisten ist die Freiwilligkeit der SchülerInnen und eine hohe Sensibilität der Eltern und Lehrpersonen eine bedeutsame Voraussetzung. Angemessene Lösungen und pädagogische Konzepte können nur so entwickelt werden. Das Klima der Schule beginnt sich schon durch den Diskussionsprozess zu verändern.[58] Die Förderung von Mädchen und Jungen sollte in eine Lernkultur implementiert werden, die auf Geschlechtergerechtigkeit ausgerichtet ist.[59]

Die Betonung und das Ruhenlassen der Geschlechterunterschiede erfolgt im schulischen Umfeld durch die Begriffe Dramatisierung und Entdramatisierung.[60] Faulstich-Wieland (2004) fordert eine Balance zwischen Dramatisierung und Entdramatisierung. Dramatisierungen dienen dazu gezielt auf Geschlecht aufmerksam zu machen, können aber dadurch auch Geschlechterstereotype verstärken, wohingegen Entdramatisierungen genutzt werden, um auf andere Kategorien oder Individuen einzugehen, wobei bestehende strukturelle Ungleichheiten übersehen werden können.[61] Eine zeitweise Trennung nach Geschlecht, kann besonders für die Mädchen von Vorteil sein, da die Stärkung ihres Selbstbewusstseins auch in der gemischten Klasse beibehalten wird.[62] Eine Forderung nach Entdramatisierung bedeutet daher nicht Geschlechtsneutralität anzustreben. Lehrende sind ebenso wie die Lernenden in alltägliche *doing gender* Prozesse involviert indem sie weiterhin die Geschlechterstereotype reproduzieren. Daher ist pädagogisches Handeln an Selbstreflexionen des doing gender rückzubinden. Genderkompetenz, in Form von dem Wissen um Geschlechterstereotype und die strukturellen Ungleichheiten, die durch diese verursacht werden ist die Voraussetzung für solche Selbstreflexionen.[63] Um Geschlechtergerechtigkeit zu etablieren kann der von Jürgen Budde (2006) vorgeschlagen Dreischritt herangezogen werden. Im ersten Schritt erfolgt eine

---

[57] Budde & Venth 2010, zitiert nach Herwartz-Emden, Schurt & Waburg 2012, S. 87
[58] Vgl. Tolle 1998, S. 11
[59] Vgl. Herwartz-Emden, Schurt & Waburg 2012, S. 84
[60] Vgl. Wehling 2008, S. 43
[61] Vgl. Faulstich-Wieland 2004, S. 9
[62] Vgl. Tolle 1998, S. 12
[63] Vgl. Faulstich-Wieland 2005, S. 14

Dramatisierung, indem die Bedeutung von Geschlecht in der Schule und im Unterricht analysiert wird. Im nächsten Schritt wird die Vielfalt innerhalb der Geschlechtergruppen thematisiert, da sich sowohl bei den Lernenden als auch bei den Lehrenden Verhalten beobachten lässt, dass den Stereotypen nicht entspricht. Abschließend wird der Fokus im pädagogischen Alltag auf entdramatisierende Aspekte und insbesondere eine individualisierte Unterrichtsgestaltung gesetzt. Die größte Wichtigkeit kommt hier dem letzten Schritt zu, denn die Thematisierung und folglich Dramatisierung von Geschlecht kann für sich genommen sonst Effekte begünstigen, die nicht intendiert waren und problematisch sind.[64] Mädchen und Jungen sollten keinesfalls als die Expert(inn)en ihres Geschlechts angesprochen werden. Die Überbetonung von Geschlecht kann zudem die Marginalisierung weiterer relevanter Kategorien, wie beispielsweise des Alters, der Schichtzugehörigkeit oder der ethnischen Zugehörigkeit, zur Folge haben.[65] Der Schwerpunkt soll somit eher auf der Entdramatisierung als der Dramatisierung liegen.[66] Dem Geschlecht der Lernenden soll so wenig Aufmerksamkeit wie möglich und so viel wie nötig zuteilwerden.[67]

Didaktische Konsequenzen

Die personenbezogene Förderung der Lernenden und eine geschlechtergerechte Schule kann nur etabliert werden, wenn dies von der gesamten Schule, also von der Schulleitung über das Kollegium, die Lernenden bis hin zu den Eltern thematisiert und für bedeutsam gehalten wird.[68] Genderkompetenz muss als Grundqualifikation bei allen Verantwortlichen aufgebaut werden und Eingang in die betreffenden Fachdidaktiken finden.[69] Sie gilt als eine Schlüsselqualifikation, die die Lehrenden dazu befähigt soziale, schulische und berufliche Anforderungen zu bewältigen.[70] Als Basis für die zentralen Reflexionsleistungen können die folgenden Stichpunkte dienen:

- Interessen, Lernvoraussetzungen, Zugangsweisen und Selbstkonzepte der Lernenden

---

[64] Vgl. Budde 2006 sowie Budde & Venth 2010, zitiert nach Herwartz-Emden, Schurt & Waburg 2012, S. 92 ff.
[65] Vgl. Kreienbaum & Urbaniak 2006, zitiert nach Herwartz-Emden, Schurt & Waburg 2012, S. 93
[66] Vgl. Faulstich-Wieland 2006, zitiert durch Wehling 2008, S. 49
[67] Vgl. Wehling 2008, S. 48
[68] Vgl. Herwartz-Emden, Schurt & Waburg 2012, S. 86
[69] Vgl. Rohrmann 2008, zitiert nach Herwartz-Emden, Schurt & Waburg 2012, S. 86 f.
[70] Vgl. Budde & Venth 2010; Horstkemper 2006; Metz-Göckel & Roloff 2002, zitiert nach Herwartz-Emden, Schurt & Waburg 2012, S. 86 f.

- Unterrichtsgestaltung durch Anpassung der Lerninhalte, Unterrichtsformen und Unterrichtsmaterialien

- erzielter Beitrag zum Abbau der Geschlechterhierarchie und zur Handlungsfähigkeit in der gesellschaftlichen Praxis[71]

Eine geschlechterbewusste Erziehung kann auf der schulorganisatorischen Ebene durch das Prinzip der *zufälligen methodischen Trennung* erfolgen. Eine dafür grundlegende Erkenntnis ist, dass Geschlecht nur dann eine Rolle spielt, wenn beide Geschlechter aufeinandertreffen.[72] Deshalb können die Lehrpersonen einer Klasse eine zeitweise, also auf ein halbes Jahr beschränkte, Trennung für den Unterricht eines Faches anbieten. Das betreffende Fach wechselt jeweils nach einem halben Jahr und die Lernenden und die Lehrpersonen reflektieren abschließend getrennt voneinander und gemeinsam ihre Erfahrungen mit dem monoedukativen Unterricht. Dabei können die Lernenden sich in unterschiedlichen Konstellationen erleben und ausprobieren.[73] Die Trennung der Geschlechter darf dabei nicht ohne eine vorhergehende Thematisierung durchgeführt werden, denn ohne die explizite Bearbeitung des Themas stoßen Trennungen bei den Mädchen und Jungen überwiegend auf Ablehnung.[74] Auf der didaktischen Ebene kann ergänzend das Konzept der *einbeziehenden Erziehung* angewendet werden. Hierbei wird auf der inhaltlichen Ebene und bei der Interaktion das Lernen von innen nach außen unterstützt. Dazu wird ein Klima geschaffen, in welchem es den Lernenden ermöglicht wird in einer anderen Geschlechterrolle aufzutreten, um Empathie zu stärken. Dies lässt sich umsetzen indem Lernende beispielsweise biographische Schriften von Personen des jeweils anderen Geschlechts lesen und sich in diese einfühlen. Zudem werden inhaltliche Anpassungen vorgenommen, da im traditionellen Lehrplan berühmte Frauen und ihre Leistungen selten vorkommen.[75] Bei der Auswahl von Unterrichtsinhalte und der Arbeitsformen sind die Interessen der Lernenden zu berücksichtigen. Durch die verschiedenartigen Interessensbereiche werden Jungen und Mädchen dazu angeregt

---

[71] Vgl. Queisser 2008 sowie Gindl, Hefler & Hellmer 2007, zitiert nach Herwartz-Emden, Schurt & Waburg 2012, S. 91
[72] Vgl. Kreienbaum 1998, S. 21
[73] Vgl. Kreienbaum 2010 sowie Kreienbaum & Urbaniak 2006, zitiert nach Herwartz-Emden, Schurt & Waburg 2012, S. 93
[74] Vgl. Faulstich-Wieland 2006, zitiert nach Wehling 2008, S. 49
[75] Vgl. Kreienbaum 1998, S. 21 ff.

sich wechselseitig auf andere Erfahrungsbereiche einzulassen.[76] Vor dem Hintergrund, dass die Lehrpersonen das Fach wählen, in welchem monoedukativ unterrichtet werden soll und dies nicht dem Zufall überlassen ist, ist der Begriff der *flexiblen methodischen Trennung* sinnvoller.[77] Im Kontrast dazu sollten auch Phasen der kooperativen Zusammenarbeit stattfinden, in denen Mädchen und Jungen gemeinsam Aufgaben lösen. Dabei sollte die Lehrpersonen Rückmeldung zu positivem Verhalten geben, um jenes zu verstärken. Einer hierarchischen Form der Arbeitsteilung ist dabei zu vermeiden.[78] Darüber hinaus kann reflexive Koedukation in Form von projektorientiertem Arbeiten, wie beispielsweise mit Projektwochen zur Berufsorientierung, und zusätzlichen Bildungsangeboten, wie beispielsweise Jungen- und Mädchentage, realisiert werden. Die Zusammenarbeit mit außerschulischen Bildungsträgern, wie beispielsweise mit pro familia bei der Sexualerziehung, ist ebenfalls als sinnvolle Maßnahme einzuschätzen.[79] Männliches Dominanzverhalten im Rahmen des koedukativen Unterrichts soll mithilfe selbstbestimmter und eigenverantwortlicher Unterrichtskonzepte verhindert werden.[80] Eine Möglichkeit die MINT-Fächer für Mädchen zugänglicher zu machen, kann darin liegen vermehrt auf kooperative Arbeitsformen zu setzen, sowie die Eigenaktivität zu stärken. Das Wissen um die historische Entwicklung lässt die Lernenden die Stereotype als veränderlich erleben und dient somit auch der Aufhebung der Geschlechterhierarchie.[81] Um die Selbstkompetenzüberzeugungen und die Lernmotivation von Mädchen zu verbessern, ist es wichtig die männliche Konnotation der mathematisch-naturwissenschaftlich-technischen Fächer aufzubrechen.[82] Als Beispiele für Interaktionen, die das Verhalten der Lernenden negativ beeinflussen können das Bezeichnen der Lernenden als „Damen" und „Herren"[83] und das Ansprechen der Geschlechter als Kollektive („Die Mädchen könnten sich öfter melden!" oder „Die Jungen sind zu laut!")[84] gelten. Auch das abwechselnde Aufrufen von Mädchen und Jungen, das die Auswahlprozesse

---

[76] Vgl. Horstkemper 1994, zitiert nach dem Staatsinstitut für Schulpädagogik und Bildungsforschung 1996, S. 100
[77] Vgl. Herwartz-Emden, Schurt & Waburg 2012, S. 93
[78] Vgl. Horstkemper 1994, zitiert nach dem Staatsinstitut für Schulpädagogik und Bildungsforschung 1996, S. 100 f.
[79] Vgl. Malz-Teske & Liebsch 2002, S. 78
[80] Vgl. Kreienbaum 2004, zitiert nach Wehling 2008, S. 47
[81] Vgl. Wehling 2008, S. 50 ff.
[82] Vgl. Bartosch 2007 & 2009, zitiert nach Herwartz-Emden, Schurt & Waburg 2012, S. 80
[83] Vgl. Michalek 2006, zitiert nach Herwartz-Emden, Schurt & Waburg 2012, S. 74
[84] Vgl. Kreienbaum 2010, zitiert nach Herwartz-Emden, Schurt & Waburg 2012, S. 74

entpersonalisieren und Geschlechtergerechtigkeit herstellen soll, ist zu vermeiden.[85] Ferner sind Verweise auf geschlechtlich konnotierte Verhaltensweisen, wie das Schminken bei den Mädchen, zu unterlassen.[86] Mädchen und Jungen sollen von den Lehrenden akzeptiert werden als Subjekte ihrer Handlungen.[87] Daher sind gezielte Lehrerfortbildungen unumgänglich.[88] Das Geschlecht der Lehrenden ist ebenfalls ein viel diskutiertes Thema. Unterschiedliche Studien kamen zu dem Ergebnis, dass der Schulerfolg der Lernenden nicht vom Geschlecht des Lehrenden beeinflusst wird. Folglich ist es nicht richtig, dass nur mehr männliche, sondern vielmehr genderkompetente Lehrpersonen gebraucht werden.[89]

Fazit

Zusammenfassend lässt sich festhalten, dass Geschlechterstereotype auch heute noch implizit und explizit vorherrschen und in Form von Rollenerwartungen und Konventionen wirken. Trotz der bedeutenden Entwicklungen der vergangenen Jahrzehnte, kommt es immer noch zu Benachteiligungen bei beiden Geschlechtern. Um diese abbauen zu können, muss zunächst eine Sensibilisierung stattfinden, die im Idealfall die gesamte Schule mit allen Akteuren umfasst. Die geschlechtsspezifischen Unterschiede zwischen Jungen und Mädchen müssen berücksichtigt werden. Die reflektive Koedukation stellt eine sinnvolle Möglichkeit dar, die Förderung der Mädchen und der Jungen in einem gendersensiblen Umfeld zu verwirklichen und die Lernenden in Zukunft vor allem als individuelle Persönlichkeiten zu betrachten und entsprechend zu fördern. So kann sie zu mehr Chancengleichheit an Schulen beitragen.

Mit Blick auf die Zukunft kann von einer erhöhten Komplexität der Thematik ausgegangen werden, da die aktuelle Genderdiskussion durch das Hinzukommen diverser Individuen erweitert wird. Dies beweist die hohe Relevanz des Genders als sozialem Geschlecht.

---

[85] Vgl. Kelle 1999, zitiert nach Herwartz-Emden, Schurt & Waburg 2012, S. 74
[86] Vgl. Faulstich-Wieland 2008, Herwartz-Emden, Schurt & Waburg 2012, S. 74
[87] Vgl. Faulstich-Wieland 2006, zitiert nach Wehling 2008, S. 48
[88] Vgl. Kraul & Horstkemper 1999, zitiert nach Wehling 2008, S.52
[89] Vgl. Herwartz-Emden, Schurt & Waburg 2012, S. 82

Literaturverzeichnis

Breitenbach, Eva (2010): „Mittlerweile ist des doch egal, ob es ein Junge oder Mädchen is" – Die Bedeutung der Kategorie Geschlecht in der rekonstruktiven Forschung. In: Herwartz-Emden, Leonie; Schurt, Verena & Waburg, Wiebke (Hrsg.): Mädchen in der Schule. Empirische Studien zu Heterogenität in monoedukativen und koedukativen Kontexten. Opladen & Farmington Hills: Verlag Barbara Budrich. S. 27-48

Budde, Jürgen & Venth, Angela (2010): Genderkompetenz für lebenslanges Lernen. Bielefeld: Bertelsmann Verlag

Faulstich-Wieland, Hannelore (2004): Geschlechteraspekte in der Bildung. Bundeszentrale für politische Bildung. Unter folgendem Link downloadbar: https://www.ew.uni-hamburg.de/ueber-die-fakultaet/personen/faulstich-wieland/files/bpb-2004-pdf.pdf

Faulstich-Wieland, Hannelore (2005): Spielt das Geschlecht (k)eine Rolle im Schulalltag? Plädoyer für eine Entdramatisierung von Geschlecht. Vortrag in der Reihe Gender Lectures an der Humboldt-Universität Berlin am 11.7.05. Unter folgendem Link downloadbar: http://www.genderkompetenz.info/veranstaltungs_publikations_und_news_archiv/genderlectures/faulstichwieland_manuskript_genderlecture.pdf

Herwatz-Emden, Leonie; Schurt, Verena & Waburg, Wiebke (2012): Mädchen und Jungen in der Schule und Unterricht. Stuttgart: Kohlhammer Verlag

Kreienbaum, Maria Anna (1998): Reflexionen zur Koedukation In: Kreienbaum, Maira Anna (Hrsg.): Schule lebendig gestalten. Reflexive Koedukation in Theorie und Praxis. Dokumentation der zweiten landesweiten Tagung „Frauen & Schule NRW e.V." September 1998. Bielefeld: Kleine Verlag. S. 16-26

Malz-Teske, Regina & Liebsch, Katharina (2002): Ein Lehrerinnen-Netzwerk, eine unterstützende Schulleitung und deren Bedeutung für reflexive Koedukation. In: Koch-Priewe, Barbara (Hrsg.): Schulprogramme zur Mädchen- und Jungenförderung. Die geschlechterbewusste Schule. Weinheim und Basel: Beltz Verlag. S. 78-90

Matza, Mareike (2008): Bildung und Chancengleichheit. Welchen Beitrag leistet die Koedukation zur Gleichstellung der Geschlechter? Saarbrücken: VDM Verlag

Reisenbichler, Lea (2012): Die Entwicklung der Koedukation von Ende der 1960er Jahre bis heute. Bringt Monoedukation Vorteile? Dissertation. Wien: Universität Wien.

Staatsinstitut für Schulpädagogik und Bildungsforschung (1996): Typisch Junge? Typisch Mädchen? Jungen und Mädchen in Schule und Unterricht. Handreichung für die Lehrerinnen und Lehrer an bayerischen Schulen. München: ISB

Tolle, Marie-Luise (1998): Das Konzept der reflexiven Koedukation. In: Kreienbaum, Maira Anna (Hrsg.): Schule lebendig gestalten. Reflexive Koedukation in Theorie und Praxis. Dokumentation der zweiten landesweiten Tagung „Frauen & Schule NRW e.V." September 1998. Bielefeld: Kleine Verlag. S. 9-15

Wehling, Martina (2008): Was leistet das Konzept der reflexiven Koedukation von Faulstich-Wieland vor dem Hintergrund des kritisch-konstruktiven Bildungsbegriffs von Klafki? Münster: MV Verlag

BEI GRIN MACHT SICH IHR WISSEN BEZAHLT

- Wir veröffentlichen Ihre Hausarbeit, Bachelor- und Masterarbeit

- Ihr eigenes eBook und Buch - weltweit in allen wichtigen Shops

- Verdienen Sie an jedem Verkauf

Jetzt bei www.GRIN.com hochladen und kostenlos publizieren